BEI GRIN MACHT SICH IHR WISSEN BEZAHLT

- Wir veröffentlichen Ihre Hausarbeit, Bachelor- und Masterarbeit

- Ihr eigenes eBook und Buch - weltweit in allen wichtigen Shops

- Verdienen Sie an jedem Verkauf

Jetzt bei www.GRIN.com hochladen und kostenlos publizieren

Bibliografische Information der Deutschen Nationalbibliothek:

Die Deutsche Bibliothek verzeichnet diese Publikation in der Deutschen Nationalbibliografie; detaillierte bibliografische Daten sind im Internet über http://dnb.d-nb.de/ abrufbar.

Dieses Werk sowie alle darin enthaltenen einzelnen Beiträge und Abbildungen sind urheberrechtlich geschützt. Jede Verwertung, die nicht ausdrücklich vom Urheberrechtsschutz zugelassen ist, bedarf der vorherigen Zustimmung des Verlages. Das gilt insbesondere für Vervielfältigungen, Bearbeitungen, Übersetzungen, Mikroverfilmungen, Auswertungen durch Datenbanken und für die Einspeicherung und Verarbeitung in elektronische Systeme. Alle Rechte, auch die des auszugsweisen Nachdrucks, der fotomechanischen Wiedergabe (einschließlich Mikrokopie) sowie der Auswertung durch Datenbanken oder ähnliche Einrichtungen, vorbehalten.

Impressum:

Copyright © 2014 GRIN Verlag
Druck und Bindung: Books on Demand GmbH, Norderstedt Germany
ISBN: 9783668635814

Dieses Buch bei GRIN:

https://www.grin.com/document/286861

Nathalie Möller

Technische und taktische Verbesserung im Mixed Doppel beim Badminton-Spiel

GRIN Verlag

GRIN - Your knowledge has value

Der GRIN Verlag publiziert seit 1998 wissenschaftliche Arbeiten von Studenten, Hochschullehrern und anderen Akademikern als eBook und gedrucktes Buch. Die Verlagswebsite www.grin.com ist die ideale Plattform zur Veröffentlichung von Hausarbeiten, Abschlussarbeiten, wissenschaftlichen Aufsätzen, Dissertationen und Fachbüchern.

Besuchen Sie uns im Internet:

http://www.grin.com/

http://www.facebook.com/grincom

http://www.twitter.com/grin_com

Neues Gymnasium Wilhelmshaven

BELEGARBEIT

Schuljahr: 2013/2014
Kurs: Badminton

Technische und taktische Verbesserung im Mixed Doppel beim Badminton-Spiel

Verfasser/in: Nathalie Möller
Abgabetermin: 14.01.2014

Inhaltsverzeichnis

    Neues Gymnasium Wilhelmshaven 1
1) Einführung 3
    1.1) Einleitung 3
    1.2) Das Mixed Doppel im Badminton-Spiel 4
2) Technische Verbesserung im Badminton-Spiel 5
    2.1) Die Schlägerhaltung 5
    2.2) Aufschlagtechniken 5
    2.3) Technik der Grundschläge 6
    2.4) Lauftechniken 8
3) Taktische Verbesserung 9
    3.1) Allgemeine Verbesserung der Taktik 9
    3.2) Taktische Verbesserung im Mixed-Doppel 9
4) Das Fazit 12
5) Quellenverzeichnis 13

1) Einführung

1.1) Einleitung

In dieser Facharbeit im Fachbereich Sport mit dem Thema „Technische und taktische Verbesserung im Mixed Doppel beim Badminton-Spiel" stelle ich für die Spielweise im Badminton relevante Kriterien vor und beschreibe, wie diese durch Technik und Taktik optimiert werden können. Zum Verständnis ist es erst einmal notwendig, die Begriffe Technik und Taktik im Bezug auf den Bereich des Sports zu differenzieren sowie zu definieren.

Die **Technik** eines Sportlers bzw. einer Sportart kann durch die Gesamtheit der technischen Fertigkeiten beschrieben werden, wobei die technische Fertigkeit eine Bewegungsabfolge bezeichnet, welche zur Lösung einer gewissen Aufgabe führt.[1] Würde man bezogen auf das Badminton-Spiel beispielsweise die Angabe des Federballs an das gegnerische Team als Aufgabe benennen, so wäre der Swip-Aufschlag eine technische Fertigkeit des Spielers. Fasst man die unterschiedlichen technischen Fertigkeiten zur Lösung aller Aufgaben, welche das Badminton-Spiel stellt, zusammen, so erhält man schließlich die Technik. Die sportliche **Taktik** besteht grundsätzlich aus dem Erstellen eines Handlungskonzepts mit dem Ziel des optimalen Erfolgs gegenüber dem Gegner. Das eigene Konzept sollte möglichst gegen das des Gegners durchgesetzt werden und gleichzeitig nicht durchschaubar sein. Auch das Entwickeln von Alternativen, treten vom Gegner verursachte oder auch zufällige Abweichungen der Erwartungen bezüglich des Spielverlaufs auf, gehören dazu.[2] Ferner bedeutet Taktik, „eigene und fremde Entscheidungsalternativen und Handlungspläne aufeinander zu beziehen und situativ die für den eigenen Erfolg optimale Entscheidung zu treffen."[3] Zusammenfassend, kurz und vereinfacht lässt sich also sagen, dass die Technik ihren Schwerpunkt eher im Handeln, die Taktik hingegen im Denken und Planen hat.

Bezüglich des Aufbaus der Arbeit werde ich zunächst die Spielart des Mixed Doppel im Badminton-Spiel erklären, mich dann der technischen und taktischen Verbesserung, jeweils erst einmal im Allgemeinen, dann bezogen auf das Mixed Doppel widmen und abschließend ein Fazit ziehen.

---

[1] vgl. **Niedzkowski, Tobias:** Bewegungslernen im Sport. Techniktraining/Technikerwerb, S. 1, URL: http://user.phil-fak.uni-duesseldorf.de/~wastl/Wastl/Training/Abstract-Techniktraining-Tobias.PDF (Zugriff am 29.12.2013)
[2] vgl. **Dober, Rolf:** Leistungskurs Sport. Taktik-Taktiktraining, URL: http://www.sportunterricht.de/lksport/trait1taktik.html (29.12.2013)
[3] Zitat; ebenda

1.2) Das Mixed Doppel im Badminton-Spiel

Beim Badminton ganz allgemein handelt es sich um ein Rückschlagspiel, welches mit einem Schläger pro Spieler sowie einem Federball oder auch „Shuttlecock" gespielt wird. Oft wird es verwechselt oder auch fälschlicherweise gleichgesetzt mit dem Freizeitspiel „Federball", welches jedoch im Gegensatz zum Wettkampfsport Badminton lange Ballwechsel anzielt. Badminton gehört zu den schnellsten Sportarten der Welt und ist zugleich ein sehr komplexer Sport, welcher sowohl Schnellkraft, Konzentration und Kondition als auch Feingefühl, Raffinesse und Koordination fordert, somit also den gesamten Körper.

Es spielen immer zwei Teams gegeneinander, wobei es bei der Zusammensetzung dieser Teams verschiedene Varianten gibt. Bildet ein einzelner Spieler ein Team, so wird es als „Einzel" bezeichnet. Sind es zwei Spieler pro Team, ist es ein „Doppel", wobei es hier eine weitere Unterscheidung bezüglich der Geschlechter gibt. Im Doppel spielt normalerweise nur ein Geschlecht gegen dasselbe, beim **Mixed Doppel** jedoch bestehen die Teams jeweils aus einem männlichen und einem weiblichen Spieler. Auch wird das Mixed Doppel als Zusammenspiel von jeweils einem schwächeren und einem stärkeren Spieler bezeichnet, wobei die Spieler eine feste Position im Spielfeld haben (mehr dazu unter „Taktische Verbesserung"). Spielen hingegen annähernd gleich starke Partner miteinander, wird das Spiel trotz der unterschiedlichen Geschlechter wie im normalen Doppel ausgeführt. Die Spielregeln für das Mixed Doppel sind die gleichen wie auch beim normalen Doppelspiel.

Der Federball wird von den Spielern immer mit einem Schlag hin und her gespielt, wobei verhindert werden muss, dass der Ball auf der eigenen Feldhälfte den Boden erreicht. Das Ziel des Badminton-Spiels ist es, den Ball so über das Netz zu bringen, dass der Gegner ihn nicht den Regeln entsprechend zurückspielen kann und bei der Annahme oder der Rückgabe einen Fehler macht. Die Fehler des einen Teams bedeuten Punkte für das gegnerische Team. Als beendet gilt das Spiel, wenn eine bestimmte Anzahl von Sätzen und Punkten erreicht worden ist.

Das Badminton-Spiel wird einer Halle mit der Mindesthöhe von fünf Metern ausgeführt. Die Länge des Feldes beträgt 13,40 m, die Breite 6,10 m. Beim (Mixed) Doppel wird im Gegensatz zum Einzel das gesamte Feld bespielt. Das Netz, welches das Spielfeld in zwei Hälften teilt, besitzt am Pfosten eine Höhe von 1,55 m.

2) Technische Verbesserung im Badminton-Spiel

2.1) Die Schlägerhaltung

Für die korrekte Ausführung der Schlagtechniken ist eine richtige Schlägerhaltung Voraussetzung, sodass zugleich die ideale Ausholbewegung, Kraftübertragung und der ideale Treffpunkt erreicht werden können. Der Spieler sollte den Schläger dabei locker in der Hand halten und erst beim Schlag fest zugreifen. Der Griff muss an der richtigen Stelle gehalten werden, was jedoch spezifisch von der Schlagtechnik abhängig ist. Beim sogenannten „**Universalgriff**" stellt die Schlagfläche des Schlägers optimalerweise eine Art Verlängerung der geöffneten Handfläche dar. Der Griff ist komplett umfasst, die Handunterkante schließt etwa mit dem Griffende ab und Daumen und Zeigefinger bilden ein „V". Dabei sind, streckt man den Arm aus, nur Schaft und Rahmen zu erkennen, nicht die Bespannung des Schlägers. Diese Haltung ist grundsätzlich für alle Schläge geeignet, sowohl für Vorhandschläge als auch für Rückhandschläge. Stellt man sich den Schläger nun um 90 Grad gedreht vor, erhält man den „**Bratpfannengriff**", welcher bei Anfängern oft als Fehler auftritt und kein hohes Leistungsniveau beim Spiel ermöglicht. Fortgeschrittene Spieler sind mit Variationen wie etwa dem „Kurzgriff" und dem „Langgriff" vertraut, durch welche bei bestimmten Schlägen noch effektiver gespielt werden kann. Beim **Kurzgriff** hält man den Schläger möglichst weit oben am Griff, was besonders kraftvolle Schläge ermöglicht. Diese Haltung ist vor allem geeignet für den Drive und das Spiel im vorderen Feld, im Mixed Doppel, wenn die Frau den Ball am Netz „tötet", d.h. mit viel Druck kurz und steil auf das gegnerische Feld spielt. Auch kann die Frau mit dieser Griffhaltung präzisere Schläge ausführen. Mit dem **Langgriff** kann der Spieler, im Mixed Doppel der Mann, im hinteren Bereich des Feldes eine hohe Beschleunigung und somit einen weiten Schlag erreichen. Der Schläger wird dabei am Ende des Griffs gehalten, wodurch er jedoch leicht aus der Hand rutschen kann und daher für den Smash sehr ungeeignet ist. Sonst kann er prinzipiell auf alle Schläge angewandt werden. [1]

2.2) Aufschlagtechniken

Der Aufschlag beim Badminton kann ganz unterschiedlich gespielt werden, wobei das Ziel immer ist, dem Gegner den Return zu erschweren. Die Aufschläge können mit der Vor- und auch mit der Rückhand gespielt werden, wobei man sich im Mixed Doppel meist auf den Rückhandaufschlag beschränkt. „Bei diesem wird der Schläger mit dem Griff nach oben vor dem Körper platziert, der Ball davor in Position gebracht und dann

---

[1] vgl. **Brahms 2004**, S. 21-23 (mit Ergänzungen)

unter Einsatz des Daumens und mit einer Drehung des Handgelenkes gespielt.[2]" Den Vorgaben gemäß wird der Ball grundsätzlich von unten aufgeschlagen. Das Mixed Doppel wird oft mit dem **kurzen Aufschlag** der Frau eröffnet. Der Ball wird flach gespielt, sodass der Gegner nicht angreifen kann. Den höchsten Punkt erreicht die Flugbahn des Balls, bevor er das Netz überquert, Ziel ist kurz hinter der Aufschlaglinie des Gegners. Der **Drive-Aufschlag** erfolgt überraschend, denn er wird flach, schnell und hart gespielt. Es wird auf die Rückhand oder direkt auf den Körper des Gegners gezielt. Der Schläger wird dabei hochgehalten, der Schlägerkopf jedoch verbleibt unterhalb der Taille. Im Mixed Doppel oft verwendet wird der **Swip-Aufschlag**, die Andeutung eines kurzen Aufschlags durch eine langsame Ausholbewegung, woraufhin der Schläger dann jedoch aus dem Handgelenk beschleunigt wird, sodass der Ball den Gegner überfliegt und weit ins gegnerische Feld zielt. Auch der **hohe Aufschlag** findet oft Anwendung im Mixed Doppel. Er wird kraftvoll möglichst hoch und weit, optimalerweise bis zur hinteren Grundlinie geschlagen, sodass der höchste Punkt der Flugbahn erst kurz zuvor erreicht wird und der Ball steil nach unten fällt.

2.3) Technik der Grundschläge
Im Badminton gibt es ebenso als Basis mehrere Grundschläge, die jeweils wiederum zahlreich variiert werden können. Der **Clear** gilt als wichtigster Schlag, da aus der Ausholbewegung die weiteren Grundschläge abgeleitet werden können. Die gegnerische Grundinie gilt als Ziel. Unterschieden werden kann der Clear in eine Angriffs- und eine Defensiv- bzw. Verteidigungsvariante. Der Angriffsclear wird schnell und flach, der Verteidigungsclear hingegen hoch und eher langsam geschlagen. Im Mixed Doppel kann er sowohl von der Frau als auch vom Mann gespielt werden. Der Mann führt dabei einen Überhandschlag aus und spielt einen Angriffsclear, ist die Flugbahn flach sowie stark beschleunigt und trifft er den Ball deutlich vor dem Körper. Handelt es sich hingegen um eine hohe und langsame Flugkurve, so spielt er die Verteidigungsvariante. Die Frau im Vorderfeld spielt einen Unterhandschlag, wobei sie den Schwung aus dem Handgelenk holt, und kann ebenso wählen zwischen Angriff und Verteidigung. Zum genauen Vorgehen bei der Ausführung eines Clear lässt sich sagen, dass der Ball zunächst anvisiert wird, um ein möglichst frühes Treffen mit dem Schläger zu erzielen, welches so früh wie möglich stattfinden sollte. Der linke Fuß sollte etwa parallel zur Grundlinie stehen, der Körper zu den Seitenlinien. Das Körpergewicht ist erst einmal konzentriert auf das linke Bein, wird dann aber verlagert auf das andere

---

[2]**Wikipedia**, URL: http://de.wikipedia.org/wiki/Aufschlag_(Badminton) (04.01.2014)

leicht angewinkelte Bein. Dieses wird nun für das Abdrücken zum Sprung genutzt. Der Schlag wird mit komplett ausgestrecktem Arm mit dem Abheben vom Boden ausgeführt, nachdem erst nur der Ellbogen vorwärts bewegt wurde. Der Oberkörper wird dabei nach vorn gedreht, sodass er nun parallel zur Grundlinie steht und die Landung mit dem linken Fuß erfolgen kann.

Beim **Drop**, auch „Stoppschlag" fällt der Ball direkt hinter das Netz auf die gegnerische Feldseite und möglichst nicht weiter als bis zur Aufschlaglinie. Eine Unterscheidung erfolgt wieder nach der Geschwindigkeit und gespielt werden kann im Mixed Doppel von beiden Partner(inne)n, also aus verschiedenen Feldbereichen. Das Handgelenk bleibt bei diesem Schlag weitgehend steif, der Ball sollte mit ausgestrecktem Arm an der höchsten Stelle vor dem Körper getroffen werden. Der Bewegungsablauf funktioniert ähnlich wie beim Clear, jedoch wird die Ausholgeschwindigkeit kurz vor dem Treffen des Balls vermindert, sodass der Gegner zunächst nicht erkennen kann, welchen Schlag der Spieler spielen wird.

Als typischer Angriffsschlag gilt der **Smash**, der härteste Schlag im Badminton-Spiel und ein sehr schneller, aber überlegter, geradliniger Schmetterschlag, welcher steil nach unten führt und fest geschlagen wird. Getroffen werden sollte er so hoch wie nur möglich, damit ein vorteilhafter Winkel erzeugt werden kann. Angezielt wird meist ein direkter Punkt. Der Ablauf beginnt wieder mit einer Verlagerung der Körperlast vom linken auf das rechte Bein, Hand und Augen sind auf den Ball gerichtet. Der Oberkörper wird parallel zu den Seitenlinien gedreht, dann wird zum Schlag ausgeholt. Mit einer Oberkörperdrehung wird der Ball geschlagen. Die Geschwindigkeit ist im Vergleich zum Clear deutlich höher. Schließlich sollte der Körper parallel zur Grundlinie gerichtet sein. Im Mixed Doppel ist der Smash eher dem Herrn in der hinteren Spielfeldhälfte überlassen.

Der **Drive** ist ein schneller, scharfer, harter und flacher Angriffsschlag, welcher auch als „Treibschlag" bezeichnet wird und dem Gegner eine stark reduzierte Reaktionszeit bietet. Gespielt wird idealerweise parallel zur Seitenlinie, in einer Variation aber auch als „cross", also quer über das Spielfeld. Dieser Schlag ist im Mixed Doppel besonders als Return auf einen flachen Aufschlag geeignet und sollte noch vor der Aufschlaglinie des Gegners landen. Dem Drive ähnlich erscheint der **Push**, welcher jedoch weich geschlagen wird.[3]

---

[3] siehe Darstellung I im Anhang

2.4) Lauftechniken

Der Badminton-Spieler muss aus der Spielfeldmitte, seiner Ausgangsposition möglichst schnell alle Bereiche und Ecken des Spielfeldes erreichen können, wofür eine gewisse Lauftechnik, abhängig von der Schlagtechnik, vorteilhaft ist. Im Mixed Doppel ist zwar nicht jeder Spieler für das gesamte Spielfeld verantwortlich und der Bereich, welcher erreicht werden muss, kleiner, trotzdem sind die Lauftechniken für beide Spielpartner(innen) von Vorteil. Der Spieler sollte den Ball schnell und mit möglichst geringem Energieaufwand erreichen und dann zur Ausgangsposition zurückkehren können. Hat der Spieler relativ viel Zeit, kann der den **Stemmschritt** nutzen, das heißt, das Bein auf der Seite der Schlaghand wird hinter dem Körper aufgestellt und durch einen Abdruck dessen eine Vorwärtsbewegung eingeleitet, sodass automatisch eine Rotation des Oberkörpers entsteht, welche für Vorhandschläge nützlich ist. Beim **Ausfallschritt** handelt es sich um einen weiten Schritt nach vorn, zur Seite oder auch nach hinten, Zwischenschritte entfallen. Mit dem Schritt soll der Ball erreicht und auch schon geschlagen werden. Bei der Ausführung sollte darauf geachtet werden, dass der Spieler auch wieder zurücktreten kann und die Position nicht standhalten muss. Daher sollte das Knie nicht weiter als bis auf Fußhöhe nach vorn gebracht werden und der Oberkörper nach Möglichkeit aufrecht bleiben. Als großer Zeitgewinn kann der **Umsprung** dienen, welcher in einer Rückwärtsbewegung ausgeführt wird. Der Schlag und der Rückwärtssprung erfolgen in einer Kombination. Anwendung findet er vor allem bei langen Bällen bis an die Grundlinie.

Durch den **Chinasprung** werden ebenfalls Rückwärtssprung und Schlag kombiniert, der Ball wird während des „Flugs" getroffen. Im Gegensatz zum Umsprung bewegt der Spieler sich nicht einfach nach hinten, sondern in die hinteren Ecken des Spielfeldes. Absprung und Landung werden beidbeinig durchgeführt, wobei die Hauptkörperlast bei der Landung auf nur einem der Beine liegt. Es kommt beim Sprung zu einer leichten Verdrehung des Oberkörpers. Auch beim **Sprung-Smash** wird der Ball im Sprung geschlagen, wodurch ein früher Treffpunkt sowie ein besonders vorteilhafter Winkel erreicht werden kann. Hier springt der Spieler in die Höhe und schlägt den Ball mit vollem Körpereinsatz in das gegnerische Feld. Der **Malayen-Schritt** dient dazu, die hintere Rückhand-Ecke zu erreichen, wobei die Rückhand umlaufen und mit einem Schlag links vom Kopf eine hohe Variabilität erzielt werden soll. Kennzeichnend sind ein weiter Schritt mit dem linken Bein nach hinten und ein kleiner Sprung zur Drehung der Hüfte sowie bis zu drei Nachstellschritte.

3) Taktische Verbesserung

3.1) Allgemeine Verbesserung der Taktik

Sowohl im Einzel als auch im Doppel und Mixed Doppel sollte der Spieler als Basis vor allem erst einmal die richtige innere Einstellung besitzen; um jeden einzelnen Ball muss gekämpft werden, die Konzentration sollte jederzeit auf das Geschehen im Spiel gerichtet sein. Der Spieler sollte sich nicht durch Provokation des Gegners oder eventuellem Publikumslärm aus der Ruhe bringen lassen, dem Netz nie seinen Rücken zudrehen und den Gegner sowie den Ball nicht aus den Augen lassen. Als taktische Grundlage gilt es, den Ball immer an der höchstmöglichen Stelle zu treffen, sodass ein steiler Winkel für den Schlag und somit eine kürzere Flugbahn, welche die mögliche Reaktionszeit des Gegners vermindert, geschaffen wird. Ein weiterer Vorteil des Schlags von oben ist das Verhindern von Defensivschlägen und somit eines möglichen Angriffs des Gegners.[4] Allgemein sollte sich der Spieler bei der Entwicklung einer Taktik auf seine individuellen Stärken konzentrieren, was beim Mixed Doppel beispielsweise durch präzisere Schläge der Frau und kraftvollere und vor allem Angriffsschläge durch den Mann gehandhabt wird.

Zu den weiteren allgemeinen taktischen Grundregeln gehört das Anspielen verschiedener Ecken des gegnerischen Spielfeldes, sodass die gegnerischen Spieler in Bewegung gebracht werden, was im Mixed Doppel zur Verletzung der Ideal-Position (siehe „Taktische Verbesserung im Mixed Doppel") führen kann. Grundsätzlich sollten nur Schläge angewandt werden, die der Spieler sicher beherrscht, um unnötige Risiken und Fehler zu verhindern. Eine einmal begonnene Taktik sollte nicht zu schnell geändert werden. Weiter sollte das Tempo ebenso wie die Aufschläge im Laufe des Spiels variiert werden. Befindet sich das gegnerische Team im Angriff und das eigene somit in der Abwehr, sollte der Spieler bzw. das Team sich bemühen, selbst wieder in die Angriffsposition zu gelangen, sodass es die Möglichkeit hat, Punkte zu schlagen.

3.2) Taktische Verbesserung im Mixed-Doppel

Im Mixed-Doppel beim Badminton-Spiel besteht eine Ideal-Position, die den hinteren Bereich des Feldes als Aufenthaltsraum des Mannes, den vorderen Bereich für die Frau vorsieht, welche den vorderen Bereich des Netzes abdeckt. Dies folgt aus der Annahme, dass sich Mann und Frau bezüglich körperlicher Voraussetzungen in gewisser Weise unterscheiden; der Mann sei der Frau also in Stärke und Ausdauer überlegen und soll folglich in der hinteren Position einen größeren Teil des Spielfeldes abdecken sowie

---

[4]vgl. **Brahms, Bernd-Volker:** Handbuch Badminton. S. 83

härter und variabler angreifen. Die beschriebene Position sollte immer schon bei Spieleröffnung eingenommen worden sein.

Die folgenden Taktiken zielen fast immer darauf, das gegnerische Team zur Verletzung dieser Ideal-Position zu bewegen, sodass es in einer taktisch ungünstigen Position spielen muss, um somit den eigenen Angriff zu ermöglichen.

3.2.1) Taktik beim Aufschlag

Die Taktik beim Aufschlag im Mixed-Doppel ist grundsätzlich vom Aufschlagenden sowie dessen Gegenspieler abhängig. Spielt eine Frau auf ihre Gegnerin, so sollte sie möglichst kurz und hoch aufschlagen oder auch einen Swip-Aufschlag durchführen, was bedeutet, dass sie zunächst einen kurzen Aufschlag andeutet bzw. vortäuscht, den Schläger dann jedoch aus dem Handgelenk beschleunigt, sodass er die Gegnerin überfliegt. Beim Aufschlag einer Frau auf den gegnerischen Mann sollten nur kurze Aufschläge gespielt werden, damit das Gegenüber zum Verlassen der Ideal-Position gezwungen wird. Spielt der Mann auf die Frau, sind lange Aufschläge mit derselben Folge ratsam. Die Partnerin des aufschlagenden Mannes sollte dabei vor ihm stehen, damit sie nach dem Aufschlag das Netz abdecken kann. Auch eignet sich hier der Swip-Aufschlag. Spielt der Mann auf den gegnerischen Mann, sollte er kurz aufschlagen, sodass der Gegner nach vorne gezwungen wird und keine Ideal-Position mehr gegeben ist.

3.2.2) Taktik beim Return

Beim Zurückspielen oder auch Return der Angaben sollte als Ziel des Annehmers gelten, selbst in den Angriff zu gelangen. Grundsätzlich sollten keine hohen Returns gespielt werden; eine sichere, aber aggressive Spielweise ist ratsam. Die Reaktion des Zurückspielenden auf den Aufschlag ist abhängig von der Art dessen. Nach einer kurzen Angabe gibt es verschiedene Möglichkeiten, den Ball zurückzuspielen, wobei es immer vorteilhaft ist, den Ball möglichst früh anzunehmen. Beim „Stop" sollte dieser den Gegner stark fallend erreichen, sodass dieser gezwungen wird von unten und somit hoch zuspielen, was die Möglichkeiten des Angriffs steigert. Weiter kann auch mit einem „Push ins Halbfeld" zurückgespielt werden. Dabei bewegt sich der Ball infolge eines weichen Schlags waagerecht in Höhe der oberen Netzkante und erreicht den Gegner ebenso stark fallend und fordert eine weite Bewegung des Mannes. Er muss von weit unten spielen, was wieder einen möglichen Angriff zur Folge hat. Eine weitere Möglichkeit des Returns eines kurzen Aufschlags ist der „Push zur Grundlinie", wobei der Ball flach gehalten und auf die Grundlinie abgezielt werden muss. Folglich muss der Mann wieder hoch spielen und ermöglicht einen Angriff. Spielt der Gegner jedoch einen langen Aufschlag, eignet sich besonders bei der Angabe von Mann zu Frau als Return der sogenannte „Cross-Court-Clear", gekennzeichnet durch eine hohe, lange Flugbahn sowie eine diagonale Flugbahn des Balles über das Feld. Die Frau wird dabei im hinteren Feld-Bereich angespielt, was eine Verletzung der Ideal-Position bedeutet und wieder einen Angriff ermöglicht. Bei einer langen Angabe an die Frau ist zum Zurückspielen der gerade „Drop" zu empfehlen, womit der Mann ans Netz bewegt wird, was wieder zur Verletzung der Ideal-Position und somit zur Möglichkeit des Angriffs führt.

3.2.3) Taktik beim Angriff

Ziel beider Teams ist es grundsätzlich, in Angriffsposition zu gelangen, um schließlich Punkte erlangen zu können. Die Frau deckt dabei fast den ganzen Bereich am Netz sowie das linke Halbfeld ab. Sie steht mit gebeugten Knien nah am Netz und hält den Schläger oben, sodass sie jederzeit ein- oder auch angreifen kann. So tötet sie jeden möglichen Ball, d.h. sie schlägt ihn steil nach unten auf das gegnerische Feld. Für den restlichen Bereich des Feldes ist der Mann verantwortlich, welcher den vorwiegend aktiven Spieler und Angreifer darstellt. Zu den taktisch besonders geeigneten Schlagarten gehört der „Cross-Court-Smash". Hier wird quer über das Feld auf die Frau geschmettert, da diese meist die schwächere Abwehr besitzt. Mit dem „Geraden Drop" wird der gegnerische Mann ans Netz gelockt und somit die Ideal-Position verletzt. Auch beim „Cross-Court-Clear" wird wieder auf die Verletzung der Ideal-Position gezielt, denn die Frau wird zur Grundlinie gezwungen.[5]

3.2.4) Taktik bei der Abwehr

Bei der Abwehr sollte die Frau den Teil des Feldes vom Netz bis etwa zur Mitte des Halbfeldes abdecken und vor der vorderen Aufschlaglinie diagonal zum männlichen Angreifer stehen, sodass ein relativ großer Abstand zu diesem besteht und die Spielerin mehr Zeit zur Abwehr hat. Der Mann ist dabei für den restlichen Bereich des Feldes zuständig. So hat er Sichtfreiheit und kann sehr dynamisch spielen.[6]

---

[5] siehe Darstellung II im Anhang
[6] siehe Darstellung III im Anhang

4) Das Fazit

Abschließend lässt sich zusammenfassen, dass zur Verbesserung des Mixed Doppel vor allem die Ideal-Position des Mannes im hinteren Bereich des Spielfeldes und der Frau im vorderen Bereich beachtet werden sollte. Taktik und Technik bauen auf diese Konstellation, auf die individuellen Stärken der Partner auf, sodass der Mann vorwiegend weitere und kräftigere Schläge ausführt, die Frau eher kürzere und präzisere. In meiner Arbeit bin ich auf allgemeinere Kriterien eingegangen, welche in allen Spielformen des Badminton hilfreich sind, habe mich aber auch bemüht, speziell auf die Situation im Mixed Doppel einzugehen. Da die Taktik und die Technik beim Spiel immer in gewisser Weise zusammenhängen, war mir eine vollkommene Differenzierung und Trennung nicht möglich, sodass es Überschneidungen gibt. Aufgrund des Umfangs habe ich beim Schreiben meiner Arbeit die grundsätzlichen Regeln für das normale Doppel im Badminton vorausgesetzt und diese nicht noch einmal dargestellt. Trotzdem hoffe ich, mit dieser Ausarbeitung einen guten und verständlichen Einblick in die Thematik geben zu können.

5) Quellenverzeichnis

van den Bogaard, Marc: Badminton. Die Badminton Technik,
URL: http://www.badminton-tricks.de/badminton.html (27.12.2013)

Brahms, Bernd-Volker: Handbuch Badminton. Training Taktik Wettkampf, Aachen 2009

Plack, Werner: SPORT Schüler Skript. BADMINTON,
URL: http://www.netschool.de/spo/skript/sskript6.htm (27.12.2013)

Sachse, Mirko: Mixed-Doppel. Taktiken und Grundlagen,
URL: http://www.osc-bremerhaven.de/dat/badminton/mixed-doppel.pdf (27.12.2013)

Turn- und Sportgemeinschaft 08 Roth e.V.: Badminton. Lauftechnik,
URL: http://www.tsg08-roth.de/lauftechnik.html (27.12.2013)

Der Anhang – Darstellungen zum besseren Verständnis

I. Die Grundschläge

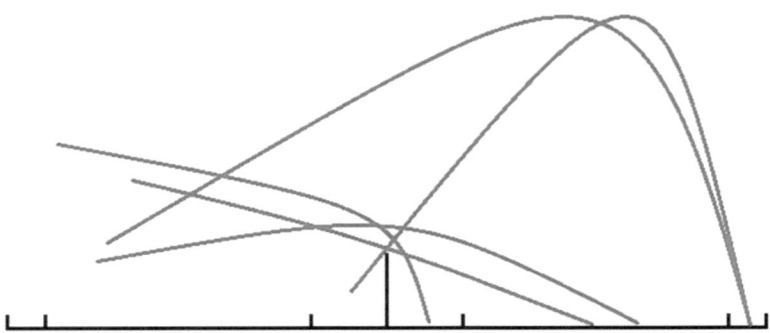

1 – Verteidigungsclear
2 – Angriffsclear
3 – Drive
4 – Drop
5 – Smash

II. Position der Spieler beim Angriff

III. Position der Spieler bei der Abwehr

	Frau			Frau	
	Mann			Mann	

BEI GRIN MACHT SICH IHR WISSEN BEZAHLT

- Wir veröffentlichen Ihre Hausarbeit, Bachelor- und Masterarbeit

- Ihr eigenes eBook und Buch - weltweit in allen wichtigen Shops

- Verdienen Sie an jedem Verkauf

Jetzt bei www.GRIN.com hochladen und kostenlos publizieren